AF627580

Dieses Buch gehört:

WAS IST WAS

Erstes LESEN

Christina Braun

Das alte Rom

TESSLOFF

Hallo!

Ich bin Maximus, der Hund.
Meine Freunde nennen mich Maxi.
Ich gehöre einem Mädchen aus reichem Hause. Wir wohnen in einer großen Villa auf einem der sieben Hügel Roms.
Tagsüber bin ich viel in der Stadt unterwegs.
Deshalb kann ich dir alles über das Leben im alten Rom erzählen.
Komm einfach mit!
Ich zeige dir, wo es in Rom die aufregendsten Plätze gibt.

Inhalt

Die Geschichte Roms

Eine Wölfin soll sich um Romulus und Remus gekümmert haben.

Romulus und Remus

Kennst du die Stadt Rom?
Sie hat eine spannende Geschichte!
Denn vor ungefähr 2 000 Jahren
herrschten die Römer über
ein riesiges Reich.

Der Legende nach fing alles mit
den Zwillingen Romulus und Remus an.
Ihr Vater war der Kriegsgott Mars.
Sie wurden als Babys in einem Korb
auf dem Fluss Tiber ausgesetzt.
Eine Wölfin hat die beiden gerettet.

Später, im Jahr 753 vor Christus,
gründete Romulus die Stadt Rom –
und zwar an der Stelle,
wo er als Baby ausgesetzt wurde.

Kolosseum

Viele Spuren

Heute ist Rom die Hauptstadt Italiens.
Viele Gebäude erinnern noch immer
an das alte Rom und seine Geschichte.

Das Forum Romanum war
das Zentrum der Stadt.
Dort befanden sich Tempel und Bauten,
in denen Politik gemacht wurde.

Im Kolosseum fanden viele Veranstaltungen
zur Unterhaltung der Bürger statt.
In das Amphitheater passten
etwa 50 000 Menschen –
so viele wie in ein heutiges Fußballstadion.

Forum Romanum

Auf den Hügeln Roms standen zu Anfang nur ein paar einfache Hütten.

Stadt auf sieben Hügeln

700 Jahre vor Christus
war Rom nicht größer als ein Dorf.
Auf den Hügeln am Fluss Tiber
standen einfache Bauernhütten.

Die Nähe zum Fluss
brachte den Menschen viele Vorteile.
Sie konnten auf dem Fluss
ihre Waren transportieren
und schnell zu anderen Orten gelangen.
Immer mehr Menschen zogen dorthin.
So wuchsen die Hütten
zu einer Stadt zusammen.

Die Römer handelten mit Waren
und führten Krieg
gegen benachbarte Städte.
Dadurch wurden sie immer reicher.

Das Königreich

In den ersten 200 Jahren
regierten Könige die Stadt.
Die reichen und adeligen Familien,
die Patrizier, berieten die Könige.
Der siebte König, Tarquinius Superbus,
war den Patriziern zu mächtig.
Deshalb vertrieben sie ihn aus der Stadt
und schafften die Könige ganz ab.

So erzählen es uns römische Schriften.
Ob das alles genauso gewesen ist,
wissen wir nicht.

Der römische Geschichtsschreiber
Titus Livius erzählt uns
von den sieben Königen Roms.

Die Republik

Ab etwa 500 vor Christus regierten nun die adeligen Bürger ihre Stadt selbst. Sie wählten Politiker in eine Versammlung, den Senat.

Der Senat bestimmte jedes Jahr zwei Anführer, die Konsuln. Senat und Konsuln regierten gemeinsam. Diese Regierungsform nennt man Republik.

Das Zeitalter der Republik dauerte rund 500 Jahre. Das Römische Reich wurde in dieser Zeit immer größer und mächtiger.

Im Senat diskutierten die Politiker. Sie entschieden, was in der Stadt und im Römischen Reich zu tun war.

Julius Cäsar

Julius Cäsar

Einer der berühmtesten Konsuln
war Gaius Julius Cäsar.
Cäsar war ein erfolgreicher Feldherr
und eroberte viele Gebiete.
Er besiegte die Gallier
im heutigen Frankreich.
Mit seinen Soldaten zog er
bis ins heutige Deutschland.

Cäsar machte Rom moderner
und verbesserte das Leben in der Stadt.
Doch er hatte auch viele Feinde,
denn er wollte alleine herrschen.

Im Jahr 44 vor Christus wurde Cäsar
von seinen Gegnern ermordet.

Hast du gewusst ...

... dass der Monat Juli nach Julius Cäsar benannt ist? Cäsar führte in Rom den Kalender mit zwölf Monaten ein – er war schon fast so wie unser Kalender heute.

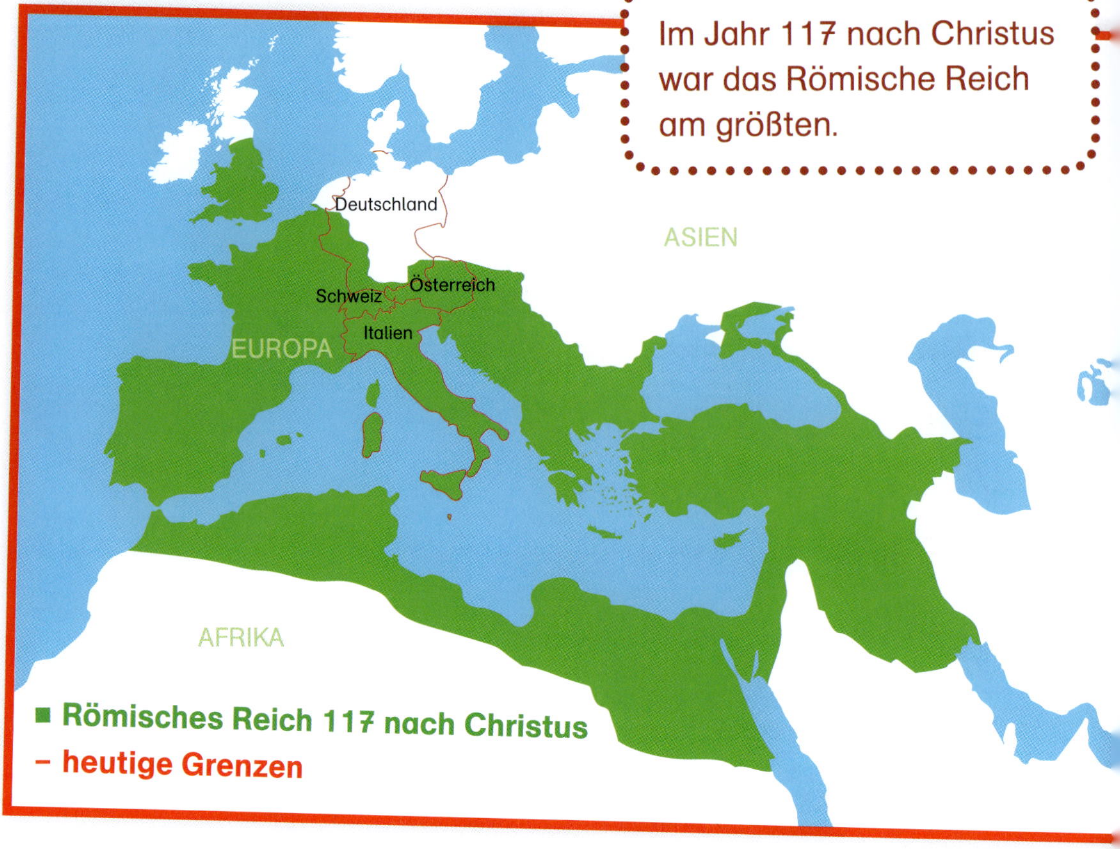

Im Jahr 117 nach Christus war das Römische Reich am größten.

Die Kaiserzeit

Alle Herrscher nach Julius Cäsar
nannten sich Kaiser.
Der erste von ihnen war Kaiser Augustus.
Die Senatoren gab es immer noch.
Doch sie hatten nicht mehr viel zu sagen.
Die Macht hatte nun der Kaiser.

Während der Kaiserzeit,
im Jahr 117 nach Christus,
war das Römische Reich am größten.

Tausende römische Soldaten bewachten das riesige Reich.

So ein großes Reich brauchte natürlich jede Menge Soldaten. Denn nicht alle Völker ergaben sich friedlich. Viele wollten ihre Städte und Länder wieder zurückerobern.

Jede Menge Kaiser

In den 500 Jahren Kaiserzeit gab es zahlreiche römische Kaiser. Manche von ihnen waren weise und gerecht. Doch andere waren rücksichtslos oder galten sogar als verrückt.

Kaiser Nero soll die Stadt Rom angezündet haben.

Augustus war der erste Kaiser Roms.

Unter Kaiser Trajan war das Römische Reich am größten.

Die Stadt Byzanz heißt heute Istanbul. Sie liegt in der Türkei.

Das Ende des Römischen Reiches

Immer wieder wurde das Römische Reich an seinen Grenzen angegriffen. Ein Kaiser allein konnte das riesige Gebiet nicht mehr regieren. Im Jahr 395 nach Christus wurde es deshalb in ein Westreich und ein Ostreich aufgeteilt.

Das Westreich konnte die vielen Angriffe an den Grenzen bald nicht mehr abwehren. Die meisten Forschenden sagen, dass es im Jahr 476 nach Christus unterging.

Das Ostreich mit der Hauptstadt Byzanz bestand noch ungefähr 1000 Jahre weiter.

Maxis Lesequiz

1 Auf wie vielen Hügeln liegt Rom?

a) Auf fünf Hügeln.

b) Auf sieben Hügeln.

c) Auf neun Hügeln.

2 Wie hieß der erste Kaiser des Römischen Reiches?

a) Julius Cäsar

b) Nero

c) Augustus

3 An welchem Fluss liegt die Stadt Rom?

a) Am Tiber.

b) Am Rhein.

c) Am Nil.

Lösung: 1b), 2c), 3a)

So lebten die Römer

Die Bewohner Roms

Nicht alle Menschen in Rom hatten die gleichen Rechte.

Die reichen und adeligen Familien standen an der Spitze des Staates. Sie bestimmten die Politik. Doch die meisten Römer gehörten nicht dazu. Sie waren einfache Leute wie Händler oder Handwerker.

In der Familie bestimmte immer ein Mann. Die Frauen mussten tun, was ihnen der Vater, Ehemann oder Bruder sagte.

Reiches römisches Ehepaar

Handwerker

Die reichen Familien ließen sich von Sklaven bedienen.

Menschen ohne Rechte

Viele Bewohner der Stadt waren Sklaven.
Oft wurden sie aus den eroberten Gebieten
nach Rom gebracht und verkauft.
Die Männer und Frauen kamen
aus vielen verschiedenen Ländern.

Sklaven durften nicht über sich selbst bestimmen.
Sie hatten keine Rechte.
Oft mussten sie sehr schwer arbeiten.

In den reichen Häusern
gehörten die Sklaven oft zur Familie.
Dann ging es ihnen nicht ganz so schlecht.

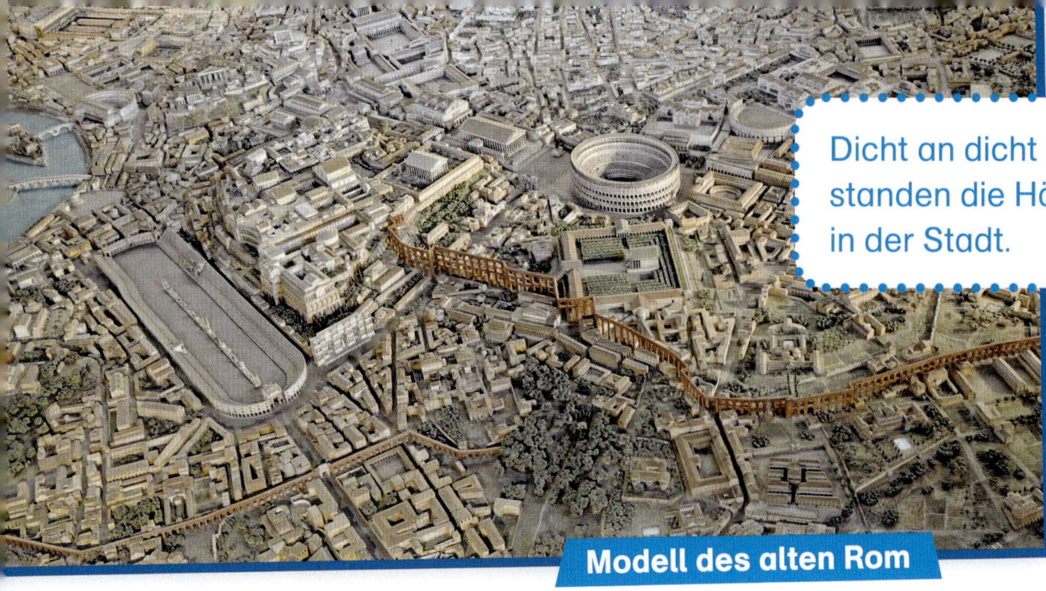

Modell des alten Rom

Dicht an dicht standen die Häuser in der Stadt.

Leben in der engen Stadt

Die reichen Familien hatten große Villen auf den Hügeln von Rom. Aber die meisten Menschen wohnten in der dicht bebauten Stadt. Hier war es voll, laut und eng.

Da so viele Menschen in der Stadt lebten, hatten sie wenig Platz zum Wohnen. Oft hausten sie in kleinen, dunklen Wohnungen. Fenster aus Glas gab es noch nicht. Die meisten dieser Wohnungen befanden sich in den vielen mehrstöckigen Mietshäusern.

Die Häuser waren oft schlecht gebaut. Immer wieder stürzten Häuser ein.

Im Erdgeschoss gab es meistens Geschäfte.
Im ersten und zweiten Stock lagen oft die größeren Wohnungen.
Die Bewohner der obersten Stockwerke lebten in kleinen Wohnungen und Zimmern.

Öffentliche Toiletten

Viele Menschen nutzten öffentliche Toiletten, die Latrinen, doch der Besuch kostete Geld.
Dort saßen sie nebeneinander auf langen Marmorbänken und tauschten die neuesten Informationen aus.
Wasser holten sich die Bürger aus den öffentlichen Brunnen in der ganzen Stadt.

Überreste einer öffentlichen Toilette

Ein Haus der Reichen

Nur wohlhabende Familien besaßen
ein großes Haus ganz für sich.
Meist lebten mehrere Sklaven mit im Haushalt.
Sie mussten kochen und den Garten pflegen.
Es gab eine Toilette und eine Küche.
Manche Häuser hatten sogar
einen eigenen Wasseranschluss.

Atrium
So nannte man den offenen Innenhof.
Hier stand ein Altar für die Hausgötter.
Diese sollten das Haus beschützen.
Außerdem gab es ein Becken,
um Regenwasser aufzufangen.

Esszimmer
Hier befanden sich lange Liegen. Auf ihnen konnten es sich die Leute beim Essen bequem machen.

Garten mit Säulengang
Die Römer gingen gerne in ihrem Garten oder im Säulengang spazieren.

Küche
Gekocht wurde über einer offenen Kochstelle.

Möbel
Wusstest du, dass der Begriff „Möbel“ von dem lateinischen Wort „mobilis“ kommt? Das bedeutet beweglich.

Reiter und Pferd bestehen aus Ton. Die Würfel sind aus Knochen hergestellt.

Die Spiele der Kinder

Die Kinder im damaligen Rom
kannten Spiele,
die es heute noch gibt.
Zum Beispiel Blindekuh und Verstecken.
Verschiedene Ballspiele konnten sie
zu Hause oder in den Straßen Roms spielen.

Die Kinder beschäftigten sich
damals schon mit Puppen.
Diese waren aus Holz gefertigt
und konnten Arme und Beine bewegen.
Es gab auch Murmeln aus Glas oder Ton,
Würfel- und Brettspiele oder Tierfiguren.

Nicht selten waren die Haustiere
der Kinder Teil ihrer Spiele.
So kam es schon mal vor,
dass ein Hund oder eine Ziege
vor einen kleinen Rennwagen gespannt wurde.
Und dann ein Kind ziehen musste!

Neben Hunden und Ziegen
bekamen die Kinder Enten, Gänse
oder auch Pelikane geschenkt.
Besonders beliebt waren Nachtigallen,
Sperlinge oder auch Papageien.

Papageien-Mosaik

Ein Mosaik ist ein Kunstwerk.
Es ist aus vielen kleinen
Teilchen zusammengesetzt.

Schule muss sein

Mit sechs oder sieben Jahren kamen
die römischen Kinder in die Schule.
Dort lernten sie lesen,
schreiben und rechnen.

Die Eltern mussten für die Schule bezahlen.
Oft fand der Unterricht einfach
in einer dunklen Bretterbude statt.
Oder in der Ecke einer Säulenhalle.

Der Unterricht war sehr streng.
Es gab keine Bücher
und nur wenige Schriftrollen.
Die Kinder mussten viel auswendig lernen.
Sie schrieben auf Holztäfelchen,
die mit Wachs gefüllt waren.

Schreibtafel

Mit einem Griffel
ritzten die Kinder
ins Wachs.

Politiker mussten gute Reden halten können.

Kurze Schulzeit

Mit etwa zwölf Jahren endete die Schule
für die meisten Kinder.
Die Jungen begannen zu arbeiten.
Die Mädchen lernten von ihren Müttern,
was im Haushalt zu tun ist.
Viele Mädchen heirateten schon
mit 14 Jahren!

Nur Jungen aus reichen Familien
gingen weiter zur Schule.
Sie lernten, Reden zu schreiben
und diese gut vorzutragen.
Später einmal sollten sie Politiker werden.

In prachtvollen Bädern
ließen es sich
die Römer gut gehen.

Badespaß für alle

Gehst du gerne ins Schwimmbad?
Dann hätte es dir im alten Rom gefallen.
Denn auch damals gab es schon
öffentliche Bäder: die Thermen.

In die Therme gingen die Römer
gerne am Nachmittag.
Man traf sich mit Freunden,
ging schwimmen und reinigte sich
mit einem Schaber aus Eisen.
Frauen und Männer waren getrennt.
Auch Sklaven und Kinder durften
die Thermen nutzen.

Auf der Bühne

Zur Unterhaltung der Menschen in Rom
gab es Gladiatorenkämpfe, Wagenrennen
und auch Theaterstücke.
Für das Theater gab es sogar eigene Feiertage.
Die Römer konnten sich verschiedene Arten
von Theaterstücken ansehen.

Beim **Mimus** wurden die Zuschauer
mit derben Witzen und viel Quatsch
zum Lachen gebracht.

Beim **Pantomimus** gab es
nur einen Schauspieler.
Er spielte mehrere Rollen.
Dafür zog er verschiedene Masken über und tanzte.
Ein Orchester und ein Chor machten Musik.

Theatermasken

Mit ihren vier Pferden versuchten die Wagenlenker, als Erster über die Ziellinie zu kommen.

Wagenrennen

Wilde Rennen

Bei den Bürgern besonders beliebt waren die Wagenrennen. Sie fanden auf der größten Rennbahn des Römischen Reiches statt, dem Circus Maximus. Hier konnten bis zu 250 000 Zuschauer Platz nehmen!

Vor dem Rennen wetteten die Zuschauer auf einen der vier Rennställe. Jeder Rennstall hatte seine eigene Farbe: Weiß, Blau, Grün und Rot.

Kämpfe im Kolosseum

Um Leben und Tod ging es bei den Kämpfen im Kolosseum. Das Volk sollte hier besonders spektakuläre Kämpfe zu sehen bekommen.

Meist begann der Tag mit Tierkämpfen. Vor allem exotische Tiere aus Afrika, wie Löwen, Giraffen oder Elefanten, wurden aufeinandergehetzt. Auch Menschen mussten gegen wilde Tiere kämpfen. Ganz schön grausam!

Die großen Helden waren die Gladiatoren. Manche von ihnen waren richtige Stars. Wenn sie gegeneinander kämpften, entschied am Ende oft das Publikum, ob der Verlierer begnadigt oder getötet wurde.

Gladiatorenkampf

Die Helden der Arena

Gladiatoren wurden in Schulen ausgebildet.
Mit ihrer Truppe reisten sie durch das Reich.
Je nach Ausrüstung und Kampfweise
gab es verschiedene Typen.

Murmillo
Der Murmillo trug einen Helm
mit breiter Krempe und Lochvisier.
Er hatte einen rechteckigen Schild
und ein kurzes Schwert.

Thraex
Der Thraex hatte einen kleinen Schild
und ein kurzes, gebogenes Schwert.
Er kämpfte häufig gegen den Murmillo.

Secutor
Er trug einen Vollhelm mit Augenlöchern, einen langen Schild und ein Schwert. Sein Gegner war meist der Retiarius.

Retiarius
Der Retiarius hatte ein Netz, um seinen Gegner einzufangen. Außerdem trug er einen Dreizack und einen Dolch.

Hast du gewusst ...

... dass die Gladiatoren ihren Namen von dem lateinischen Wort **gladius** haben? Gladius heißt auf Deutsch Schwert.

Viele Götter

Die Römer hatten
für jeden Bereich des Lebens
eine eigene Gottheit.
In Tempeln verehrten sie diese Gottheit
und brachten ihr Opfergaben dar.
Hier siehst du nur einige
der vielen römischen Götter.

In der Vorstellung der Römer
leben die Götter auf dem Berg Olymp.
Der oberste Gott ist **Jupiter**.
Er ist der Göttervater
und sendet Blitz und Donner.
Jupiters Frau heißt **Juno**.
Sie ist die Göttin der Familie.

Mars ist der Gott des Krieges.
Der Gott des Meeres heißt **Neptun**.
Er kann Wasser so aufwühlen,
dass Schiffe sinken.

Merkur ist der Götterbote,
aber auch Gott der Diebe und des Handels.

Diana und **Apoll** sind Zwillinge.
Diana ist die Göttin der Jagd.
Apoll ist für die Künste
und die Wissenschaft zuständig.

Der Pantheon-Tempel war besonders,
denn er war nicht nur einem,
sondern allen Göttern geweiht.

Diana

Apoll

Imbissbude

Römisches Frühstück mit Brot, Oliven und einer Käsepaste.

Einfaches Essen

Die einfachen Leute in Rom
aßen vor allem einen Brei
aus Getreide, **Puls** genannt.
Er wurde mit Gemüse wie Kohl,
Erbsen und Bohnen gegessen.
Zum Frühstück gab es ein Stück Brot,
vielleicht Oliven und ein wenig Käse,
Reste vom Vortag und einen Becher Wasser.

In ihren kleinen Wohnungen und Zimmern
konnten die armen Leute meist nicht kochen.
Deshalb gab es viele Imbissbuden
und fliegende Händler, die Essen verkauften.

Im Liegen essen

Bei den reichen Familien standen Speisesofas zum Liegen im Esszimmer. Oft wurden Gäste eingeladen. Die Sklaven kochten aufwendige Speisen. Sie brachten Platten mit Eiern, Oliven und Pilzen, Fleisch oder Fisch, viel Gemüse und Obst.

Manchmal wurden zum Essen auch Dichter oder Gelehrte eingeladen. Diese lasen aus ihrem neuesten Werk vor oder man diskutierte miteinander.

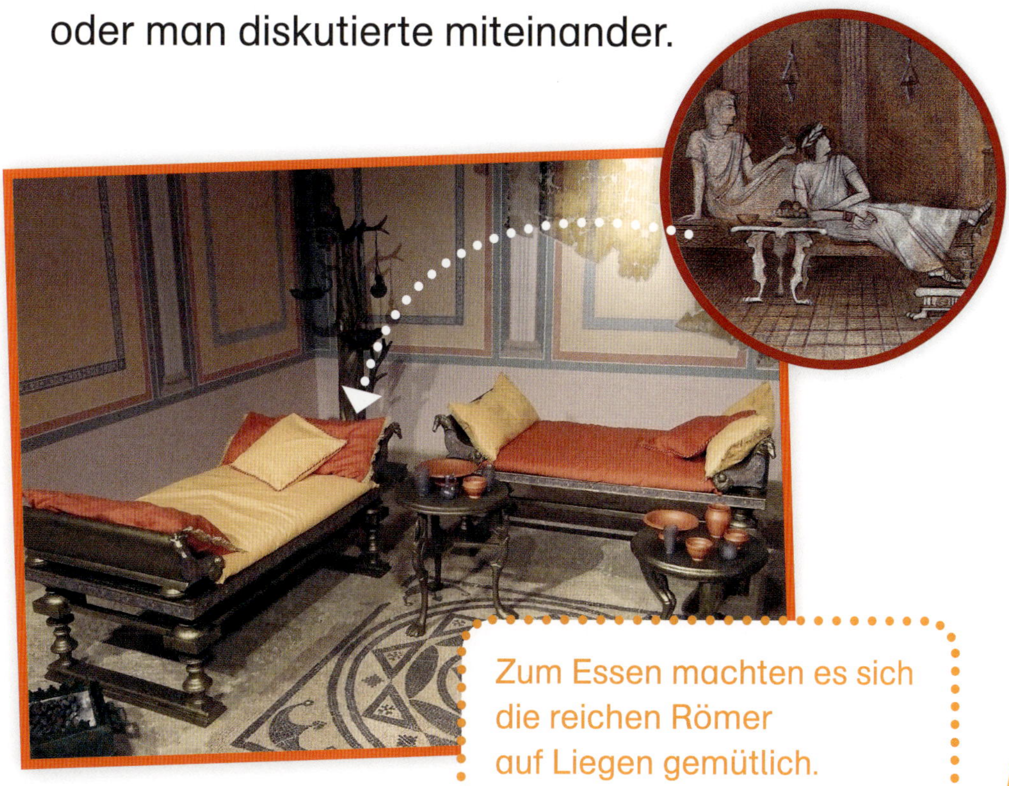

Zum Essen machten es sich die reichen Römer auf Liegen gemütlich.

Clevere Baumeister und Erfinder

Noch heute staunen die Besucher Roms über die alten Bauwerke.
Die Kuppel des Pantheon-Tempels war lange Zeit die größte Kuppel der Welt.
Sie ist 43 Meter breit!
Doch wie konnten die Römer sie bauen?
Das Geheimnis hieß Zement.

Mit ihrem Zement konnten die Römer Bauteile in verschiedenen Formen und Größen gießen.
Die Mischung für den römischen Zement ist besonders stabil.

Die große Kuppel des Pantheon-Tempels lässt uns auch heute noch staunen.

Für ihre Wasserleitungen bauten die Römer riesige Bogenbrücken, die Aquädukte.
Dieser steht im heutigen Frankreich.

Die Wasserversorgung

Der Fluss Tiber hatte nicht genug Wasser für die vielen Menschen in Rom.
Deshalb legten die Römer Wasserleitungen von weit entfernten Quellen bis in die Stadt.
Sie waren viele Kilometer lang.
Große Bogenbrücken, die Aquädukte, brachten das Wasser über Täler und Schluchten.

Gleichzeitig bauten die Römer einen verzweigten Abwasserkanal.
So kam das schmutzige Wasser auch wieder aus der Stadt hinaus.

Durch den Kanal **Cloaca Maxima** floss das schmutzige Wasser in den Tiber.

Die Straße **Via Appia**
führte von Rom
bis in den Süden Italiens.
Teile davon
gibt es noch heute.

Befestigte Straßen

Die Römer konnten nicht nur geniale Gebäude bauen. Auch für ihre Straßen sind sie bekannt. Sie errichteten im Römischen Reich ein Straßennetz von 80 000 Kilometern. Das ist eine Strecke, die zweimal um die Erde reicht!

Die Straßen waren meist gerade. Die Baumeister legten verschiedene Schichten aus Sand, grobem und feinem Kies übereinander. Die oberste Schicht bestand aus Pflastersteinen.

Maxis Lesequiz

1 Wer durfte in einer römischen Familie bestimmen?

a) Die Mutter.

b) Der Vater.

c) Alle zusammen.

2 Was bedeutet das Wort „Möbel“?

a) Es bedeutet so viel wie beweglich.

b) Möbel heißt eigentlich Schrank.

c) Es bedeutet so viel wie fest.

3 Wie hieß die größte Rennbahn in Rom?

a) Senat

b) Aquädukt

c) Circus Maximus

Lösung: 1b), 2a), 3c)

Erobern und kämpfen

Viele Kriege

Damit das Römische Reich immer größer,
reicher und mächtiger wurde,
mussten viele Kriege geführt werden.
Soldaten reisten in ferne Länder,
um sie zu erobern.

Wenn die Gebiete erobert waren,
mussten die Soldaten
die neuen Grenzen verteidigen.
Denn viele Völker versuchten,
ihre Gebiete zurückzubekommen.

Zu Fuß, auf Pferden und mit Schiffen eroberten die Römer ihr riesiges Reich.

Siegreiche Feldherren wurden oft bei einem großen Triumphzug gefeiert. Auf einem Streitwagen zogen sie durch die Stadt.

Soldatsein wird zum Beruf

Lange Zeit waren die römischen Soldaten einfache Bauern und Handwerker. Während sie im Krieg kämpften, konnten sie sich nicht um ihre Felder und um ihre Arbeit kümmern.

Der erste Kaiser Roms, Augustus, machte das Soldatsein deshalb zum Beruf. Die Soldaten verdienten nun ein festes Gehalt und wurden gut ausgebildet. Dadurch wurde die Armee noch stärker.

Der Legionär

Ein römischer Soldat heißt Legionär.
Nicht jeder durfte diesen Beruf ausüben.
Ein römischer Legionär musste
mindestens 1,65 Meter groß sein.
Er musste lesen, schreiben und
rechnen können.

Römische Soldaten mussten fit sein.
Sie trainierten auf langen Märschen
mit schwerem Gepäck.
Über 30 Kilogramm mussten sie tragen.
Und 30 Kilometer in fünf Stunden schaffen!
Außerdem lernten sie, Lager zu bauen
und mit verschiedenen Waffen umzugehen.

Der lange Schild war aus Holz und wurde mit Leder bespannt.

Leder

Römischer Legionär um 100 nach Christus.

Schildkrötenformation

Tricks im Kampf

Die römische Armee
kannte jede Menge Tricks,
um ihre Feinde zu überlisten.

Hast du schon einmal von der
Schildkrötenformation gehört?
Dabei stellten sich die Soldaten
mit ihren Schilden so auf,
dass sie vor Wurfgeschossen
geschützt waren.

Am Anfang einer Schlacht
warfen die Soldaten Speere ab.
Diese steckten im Schild des Gegners fest
und er hatte keine Deckung mehr.

Maxis Lesequiz

1 Wer machte das Soldatsein zum Beruf?

a) Julius Cäsar.

b) Kaiser Augustus.

c) Kaiser Nero.

2 Nach welchem Tier ist eine Aufstellung der römischen Armee benannt?

a) Nach einem Tiger.

b) Nach einer Schlange.

c) Nach einer Schildkröte.

3 Wie viel Gewicht musste ein Soldat tragen?

a) Über 30 Kilogramm.

b) Über 10 Kilogramm.

c) Etwa 5 Kilogramm.

Lösung: 1b), 2c), 3a)

Spuren aus der Vergangenheit

Viele Spuren

Die Römer haben überall dort, wo sie waren, Spuren hinterlassen – auch bei uns! Nicht nur Bauwerke und Fundstücke stammen von den Römern, sondern auch viele Dinge in unserem Alltag.

Du weißt ja schon, dass wir unseren Kalender Julius Cäsar zu verdanken haben. Auch unsere Buchstaben haben wir von den Römern. Und viele unserer Wörter kommen aus der Sprache der Römer, dem Lateinischen: zum Beispiel das **Fenster**, die **Ferien**, die **Nase**, der **Drache** oder die **Insel**.

Caesar heißt **Kaiser**, also Kaiser Nero.

Die Buchstaben der Römer können wir leicht lesen, denn wir schreiben fast genauso.

Das **V** sprichst du als **U**: Augustus. Diesen Beinamen hatten alle Kaiser.

Der Limes war die Grenze des Römischen Reiches.

Limes

Kastell in der Nähe des Limes.

Was ist der Limes?

Auch Teile von Deutschland gehörten 500 Jahre lang zum Römischen Reich. An der Grenze bauten die Römer den Limes, einen fast 550 Kilometer langen Wall.

Der Limes war aus Holz oder Steinen. Alle paar Hundert Meter stand ein Wachturm.

In der Nähe des Limes gab es viele Kastelle. Hier lebten die römischen Soldaten. Um die Kastelle entstanden oft Siedlungen.

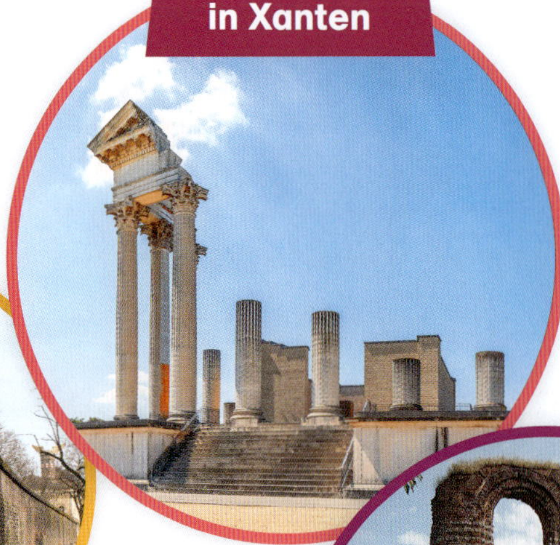

Hafentempel in Xanten

Römische Stadtmauer in Köln

Kaiserthermen in Trier

Bauwerke und Städte

Aus den Lagern der Römer
wurden im Lauf der Jahre
oft größere Orte und Städte,
die es noch heute gibt.

Kennst du vielleicht den Ort
Colonia Claudia Ara Agrippinensium?
Wir nennen die Stadt heute Köln.
Die Stadt Trier hieß damals
Augusta Treverorum.
In diesen und vielen anderen Städten
kannst du Bauwerke der Römer bestaunen.

Interessante Funde

Bei Ausgrabungen finden Forschende immer wieder Vasen, Münzen, Mosaike und andere Dinge aus der Römerzeit. Sie helfen uns herauszufinden, wie die Römer damals gelebt haben.

In Römermuseen kannst du dir viele solcher Funde ansehen.

Archäologen bei der Arbeit

Unser Wissen über die Römer
haben wir von den Archäologen.
Sie forschen über Menschen
aus vergangenen Zeiten.
Ein spannender Beruf, oder?
Bei Ausgrabungen suchen Archäologen
nach Bauwerken und Gegenständen
im Boden.

Bei einer Ausgrabung
wird die Erde sehr vorsichtig
Stück für Stück entfernt.
Alles wird ganz genau vermessen,
fotografiert und gezeichnet.

Der Boden wird in kleine Abschnitte eingeteilt.

Mit einem Bagger oder einer Schaufel
wird die oberste Erdschicht abgetragen.
Dann beginnt die Handarbeit.
Mit kleinen Kellen, Spachteln und Pinseln
legt man die Funde ganz vorsichtig frei.

Die Fundstücke werden in Kisten aufbewahrt.
Jedes Stück bekommt eine Nummer
und ein Kärtchen mit dem Fundort.
Später wird es dann genauer untersucht.

Die Funde verraten uns viel über
das Leben der Menschen damals.
So wissen wir zum Beispiel,
dass viele Römer Handwerker waren.
Denn Forschende fanden zahlreiche Werkzeuge
und Waren von Schustern, Malern, Bäckern
und Schmieden.

Sag mal, Maxi ...

... im alten Rom muss es ja ganz schön zugehen.

Oh ja, schrecklich!
Am Tag sind auf den Straßen immer
so viele Menschen unterwegs.
Alle rufen durcheinander und machen Lärm.
Nachts fahren dann die Pferdewagen.
Dauernd klappert es auf den Pflastersteinen.
Da muss man sich zum Schlafen schon
die Ohren zuhalten.

Was gefällt dir denn am alten Rom am besten?

Ich liebe die Triumphzüge!
Wenn ein Feldherr erfolgreich war,
zieht er mit seinen Soldaten durch
die Straßen und lässt sich feiern.
Da ist so richtig was los!

Und wo würdest du im Römischen Reich gerne einmal hin?

Das Römische Reich ist so groß!
Da kann ich mich gar nicht entscheiden.
Aber ich habe ja Glück.
Meine Familie ist reich und hat
ein eigenes Haus auf dem Hügel.
Oft besuchen uns Gäste zum Essen,
die von ihren Abenteuern erzählen.
Da mache ich meine Ohren ganz weit auf
und höre gespannt zu.

Und was hast du heute noch vor?

Ich laufe gleich mal zum Kolosseum.
Dort fanden gestern ein paar Kämpfe statt.
Es waren so viele Zuschauer da –
die haben bestimmt einiges liegen lassen.
Da kann man super stöbern.

Danke, Maxi!
Dabei wünschen wir dir viel Spaß!

Maxis großes Lesequiz

1 Wo wohnten die armen Leute in Rom?

a) Auf Hausbooten.

b) In großen Villen.

c) In mehrstöckigen Mietshäusern.

2 Was wurde im alten Rom als Latrine bezeichnet?

a) Die Bäder.

b) Die öffentlichen Toiletten.

c) Die Bühne im Theater.

3 Was fand man in einem Atrium, dem Innenhof eines reichen Hauses?

a) Eine Werkstatt für den Hausmeister.

b) Ein Becken zum Auffangen von Regenwasser.

c) Eine Kochnische mit offenem Feuer.

Lösung: 1c), 2b), 3b)

4 Wann endete für die meisten Kinder die Schulzeit?

a) Mit 12 Jahren.

b) Mit 16 Jahren.

c) Mit 18 Jahren.

5 Wie viele Menschen passten in den Circus Maximus?

a) 1000 Zuschauer.

b) 250 000 Zuschauer.

c) Eine Million Zuschauer.

6 Wer durfte die Thermen besuchen?

a) Nur die Männer.

b) Nur die reichen Männer und Frauen.

c) Alle durften die Thermen besuchen.

Lösung: 4a), 5b), 6c)

7 Was heißt Pantomimus?

a) Das ist ein römischer Tempel.

b) Das ist ein Theaterstück.

c) Das ist ein Brei aus Getreide.

8 Was war das Besondere an dem Gladiator Retiarius?

a) Er trug keine Waffen.

b) Er saß auf einem Pferd.

c) Er hatte in einer Hand ein Netz.

9 Wie viele verschiedene Rennställe traten im Circus Maximus an?

a) Zwei

b) Vier

c) Zehn

Lösung: 7b), 8c), 9b)

10 Wie hieß die oberste Gottheit der Römer?

a) Diana

b) Jupiter

c) Augustus

11 Was war das Besondere am Pantheon-Tempel?

a) Es war ein Tempel für den Meeresgott Neptun.

b) Es war ein Tempel für alle Götter gemeinsam.

c) Dort wurden Romulus und Remus verehrt.

12 Wie werden die Brücken für die römischen Wasserleitungen genannt?

a) Thermen

b) Legionäre

c) Aquädukte

Lösung: 10b), 11b), 12c)

Bildquellennachweis

Archiv Tessloff: 1m, 2-3, 8ol (Peter Klaucke), 9or, 11ur, 15or, 19mr, 21mr, 28mr, 36mr, 41or, 49or, 57u, 58or, 60or; **Flickr:** 29ul (CC BY-SA 2.0/Carole Raddato), 36ol (CC BY-SA 2.0/Carole Raddato), 53or (CC BY-SA 2.0/Carole Raddato), 55ul (CC BY-SA 2.0/Carole Raddato), 55ul (CC BY-SA 2.0/ Carole Raddato), 55mr (CC BY-SA 2.0/Carole Raddato), 55um (CC BY-SA 2.0/Carole Raddato), 55um (CC BY-SA 2.0/Carole Raddato), 55ur (CC BY-SA 2.0/Carole Raddato); **Klaucke, Peter:** 18ul, 18ur; **mauritius images:** 30o (ColsTravel/Alamy/Alamy Stock Photos), 62ur (ColsTravel/Alamy/ Alamy Stock Photos); **picture alliance:** 13ur (akg-images), 16-17 (Thibaud Moritz/ABACAPRESS. COM), 19om (akg-images), 21ul (imageBROKER/Christian Handl), 24om (dpa/Oliver Berg), 24or (akg-images/Erich Lessing), 26ur (Prismaarchivo), 31ur (PIXSELL/Dusko Marusic), 36om (ASSOCIATED PRESS/Luigi Spina); **Shutterstock:** 4-5Hg. (Boris Stroujko), 6or (Lagui), 7or (SCStock), 7ul (Mazur Travel), 9ur (eans), 11or (ppl), 12o (ArapSeyhi), 13or (Regien Paassen), 13um (Lagui), 14ol (havadanbak), 14or (ArapSeyhi), 20o (Croato), 25u (spatuletail), 27or (Lakeview Images), 32ur (WH_Pics), 33m (WH_Pics), 34-35u (Masterlevsha), 35ur (Pyty), 37mr (Yulia Serova), 38u (Pavel Ilyukhin), 39o (Bertl123), 40or (julius fekete), 42-43Hg. (Combatcamerauk), 44ul (Deatonphotos), 44um (Fevziie), 45o (Renata Sedmakova), 46u (Zhuravlev Andrey), 47m (Alexandr Chernushkin), 48o (Regien Paassen), 50-51Hg. (Conny Pokorny), 52u (Eduardo Estellez), 53ol (ThePhotoFab), 54ol (Barry Paterson), 54um (Sina Ettmer Photography), 54ur (Gertjan Hooijer), 56ur (Gorodenkoff), 56ul (Celiafoto), 63or (Masterlevsha); **Sol90images:** 22-23Hg.; **Wikipedia:** 10u (PD/Cesare Maccari), 13ul (CC BY-SA 2.0/Carole Raddato from FRANKFURT, Germany), 26ul (CC BY-SA 3.0/Sippel2707), 28ol (CC BY-SA 4.0/Lruiz094), 37ul (PD), 39ur (CC BY-SA 4.0/Chris 73), 44mr (PD/EDSITEment), 61ul (CC BY-SA 4.0/Lruiz094)

Umschlagfotos: Shutterstock: U1 (Begir), U4 (SCStock)

Text: Christina Braun
Lektorat: Julia Meyer
Illustrationen: Ruth Koch
Bildredaktion: Katja Filler
Gestaltung: Ruth Koch
Umschlaggestaltung: Ruth Koch

Copyright © 2023 TESSLOFF VERLAG,
Burgschmietstraße 2–4, 90419 Nürnberg
www.tessloff.com

Die Verbreitung dieses Buches oder von Teilen daraus durch Film, Funk oder Fernsehen, der Nachdruck, die fotomechanische Wiedergabe sowie die Einspeicherung in elektronische Systeme sind nur mit Genehmigung des Tessloff Verlages gestattet.

ISBN 978-3-7886-7679-7

FSC
www.fsc.org
MIX
Papier | Fördert gute Waldnutzung
FSC® C002795